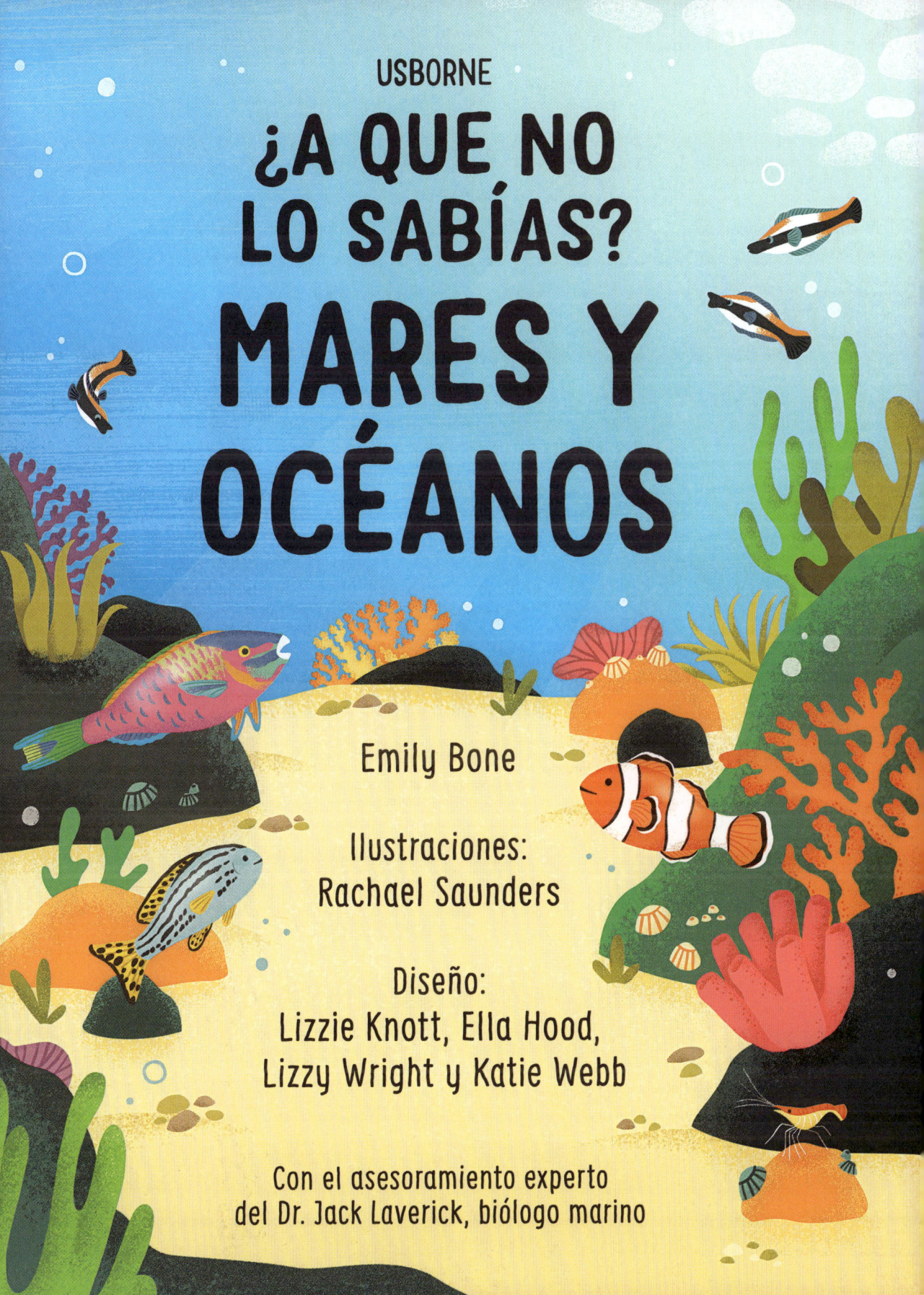

Usborne

¿A QUE NO LO SABÍAS? MARES Y OCÉANOS

Emily Bone

Ilustraciones:
Rachael Saunders

Diseño:
Lizzie Knott, Ella Hood,
Lizzy Wright y Katie Webb

Con el asesoramiento experto
del Dr. Jack Laverick, biólogo marino

Créditos de la edición española

Traducción: Antonio Navarro Gosálvez

Redacción en español: Isabel Sánchez Gallego,
Beatriz Coira Sánchez de Toca y Cristina Fernández Martínez

¿Sabías que la parte
de un iceberg que queda
bajo el agua es muchísimo
más grande que la que se ve
en la superficie?

¡Increíble!
Pero… ¿qué es
exactamente
un iceberg?

Eso se explica en
el glosario de la página 62.
Además, si quieres buscar
algún tema en particular, en
las páginas 63-64 hay un índice
que te ayudará a hacerlo.

La mayoría de los habitantes del mar son invisibles

El agua del mar está llena de seres minúsculos que se llaman **plancton**. Algunos son tan pequeños que solo se ven al microscopio. El plancton se cuenta por trillones, por lo que hay más plancton que estrellas.

Existen muchos tipos de plancton. Uno es el **fitoplancton**, compuesto de plantas microscópicas que necesitan luz para crecer y liberan oxígeno, que es indispensable para los animales.

Como no nadamos, nos dejamos llevar por la corriente.

Otro tipo es el **zooplancton**, que está formado por animales diminutos como las crías de peces, pulpos y crustáceos.

Casi todos los animales marinos se alimentan de plancton. Sin él, no sobrevivirían en el mar.

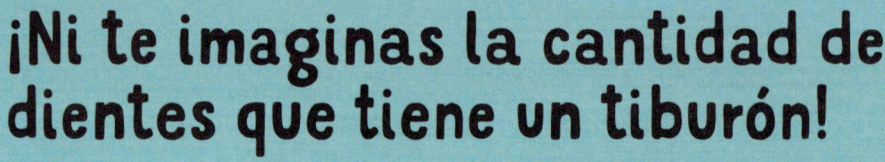

¡Ni te imaginas la cantidad de dientes que tiene un tiburón!

Abra bien la boca, don Tiburón, que vamos a echar un vistazo...

A diferencia de los humanos, que solo tenemos una fila de dientes arriba y otra abajo, los tiburones tienen **muchas filas** de dientes.

¡El tiburón toro tiene hasta 50 filas!

Como los dientes del tiburón no tienen raíces que los sujeten, se caen con cierta facilidad. De hecho, es habitual que un tiburón pierda varios dientes al día.

¡PING!

4

En cuanto un diente se cae, el que tiene detrás ocupa su lugar y empieza a crecer un **diente nuevo** en la fila de atrás.

¡Es increíble! ¿Y por qué cambia tanto de dientes?

Porque así están siempre perfectamente afilados para cazar peces y otros animales marinos. A lo largo de su vida, a un tiburón le llegan a salir unos 30.000 dientes.

¡PING!

¡Socorro!

¡Feliz cumpleaños, corales!

Los **corales** son animalitos marinos muy pequeños que se agrupan por millones y forman **arrecifes**. Un coral del Pacífico no celebra nunca su cumpleaños solo, porque cumple años el mismo día que todos los corales que tiene alrededor.

UNA ÚNICA NOCHE DE CADA AÑO...,

todos los corales de un mismo arrecife liberan huevos.

¡ALLÁ VAMOS!

De esos huevos nacen unos seres pequeñitos que se llaman plánulas.

¡Hola! Soy una plánula.

Las plánulas se fijan al fondo marino y empiezan a formar una base dura.

¡Como todos nacemos a la vez, tenemos la misma edad!

PASADOS DIEZ AÑOS...,

ya son corales que contribuyen a aumentar el tamaño del arrecife.

¡Hoy es nuestro cumple!

¡Cumpliremos muchos más, porque llegamos a vivir más de 5.000 años!

Algas felices, corales coloridos

Sin ciertas **algas** diminutas que viven en los arrecifes, el aspecto de los corales sería muy distinto al que tienen. De hecho, ni siquiera existirían.

La mayoría de los corales vive en aguas cálidas y someras. Las algas, que necesitan la luz del sol para crecer, se refugian en el interior de los corales, donde quedan protegidas.

Las algas producimos azúcares, que dan energía al coral.

Los corales con algas dentro producen sustancias químicas que los tornan de un amarillo, azul, violeta, verde o rojo intensos.

¡Cuántos colores!

¡Estos corales son blancos! ¿Qué les pasa?

Si el agua se calienta demasiado o pasa a contener algún producto tóxico, las algas se van. Esto blanquea los corales, que empiezan a morir.

Un mar lleno de luz

Muchos animales marinos son capaces de emitir luz. Es lo que se llama **bioluminiscencia**. Veamos unos cuantos ejemplos de animales que iluminan el mar.

Las **chispas de mar** son seres diminutos que flotan en grupos enormes en la superficie marina y brillan si se los mueve.

Las **ofiuras** son capaces de deshacerse de una de sus patas luminosas para distraer a sus depredadores...

y así huir para ponerse a salvo.

¡Ja, ja!

¡Uy, qué buena pinta!

Las **medusas** brillan para confundir a sus depredadores.

Algunos **calamares** se comunican con destellos de luz.

Las hembras del **gusano de fuego de las Bermudas** despiden luz para atraer a los machos.

¡Hola, chicos!

¿Y cómo hacen para emitir su propia luz? Yo no puedo.

Unos lo consiguen produciendo unas sustancias químicas que los hacen brillar y otros tienen dentro un tipo de bacterias que generan luz.

El **pez hacha** tiene franjas luminosas en el abdomen.

¿Dónde estará?

Si otro animal lo mira desde abajo, lo confunde con la luz que proviene de la superficie.

¡Oooh!

¡Comida!

El **rape abisal** tiene delante de la boca un apéndice con una lucecita, con la que atrae a otros peces de los que se alimenta.

¿Quieres pasta de dientes de algas?

¡Puaj! Seguramente, no te hará gracia la idea de cepillarte los dientes con **algas marinas**, con lo saladas que están, pero seguramente ya lo haces. De hecho, lo más normal es que las consumas todos los días.

Las algas marinas se usan como espesante en muchos alimentos. Además, hacen que las cremas sean más fáciles de untar.

¿Algas o superalgas?

Las algas marinas tienen muchísimos usos y deberíamos cultivarlas, comerlas y utilizarlas mucho más. ¿Por qué?

SOY PRO-ALGAS

Las algas están repletas de vitaminas y otras sustancias que son beneficiosas para el organismo.

YO ♥ ALGAS

Al contrario que en la agricultura tradicional, el cultivo de algas no ocupa parcelas ni utiliza agua potable o sustancias químicas.

También se usan en productos de limpieza.

Creo que no me va a gustar el helado con sabor a algas...

Solo se utilizan algunas sustancias químicas de las algas que no saben a nada, así que ni sabrás que las lleva.

DETERGENTE

CHAMPÚ

LIMPIADOR MULTIUSOS

HELADO

¡Entre las algas viven muchos peces y otros animales marinos!

Las algas se pueden convertir en pienso para animales de granja...

¡y hasta en combustible!

TODOS A FAVOR DE LAS ALGAS

Las algas producen el **oxígeno** que necesitamos para respirar. ¡Casi la mitad del oxígeno que respiramos proviene de plantas y otros organismos que viven en el mar!

El pez borrón no es tan feo...

cuando está bajo el agua. Sigue leyendo y sabrás por qué.

DOMINGO, 16 de SEPTIEMBRE   NÚMERO 140   NOTICIAS DEL FONDO OCEÁNICO

¡EL PEZ MÁS FEO DEL MUNDO!

¿Quieres saber cuál es el pez más feo del mundo? Aquí lo tienes.
Se llama pez borrón y tiene un aspecto de lo más peculiar.

El pez borrón vive en el océano, a 1.200 m de profundidad, donde las aguas son tremendamente frías.

Su cuerpo no tiene músculos y espinas como la mayoría de los peces, sino que es gelatinoso y blando, al igual que su piel.

Este ejemplar murió y el agua lo arrastró a la orilla.

El pez borrón es un animal muy longevo y puede llegar a vivir más de cien años.

¡CUIDADO, QUE SU FAMA NO ES DEL TODO JUSTA!

¡Resulta que, cuando nada a gran profundidad, el pez borrón no es tan feo como parece!

A grandes profundidades, los animales están sometidos a una presión tremenda debido al peso del agua que tienen encima. Los peces que viven en estas aguas están adaptados a ello y allí tienen el aspecto que asociamos a un pez normal.

SUPERFICIE

AGUAS PROFUNDAS

Si por algún motivo acaban en la superficie, el cambio tan grande de presión les daña el cuerpo y los deforma hasta hacerlos parecer una masa informe.

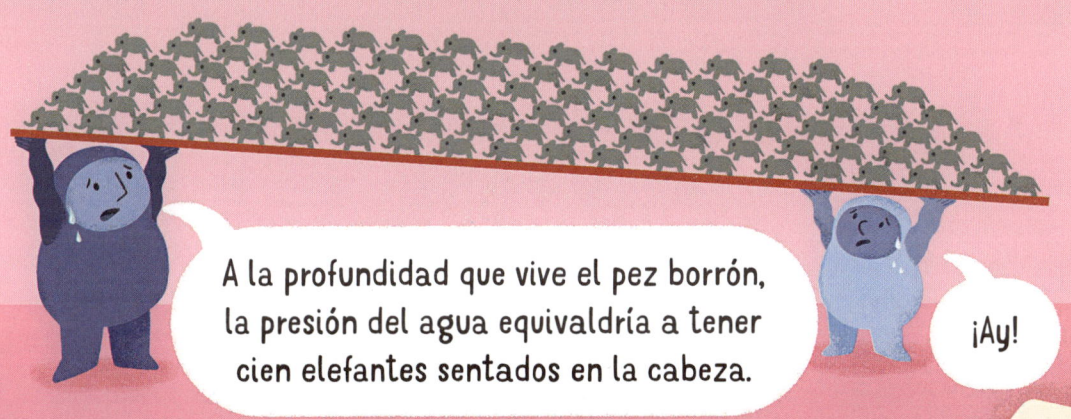

A la profundidad que vive el pez borrón, la presión del agua equivaldría a tener cien elefantes sentados en la cabeza.

¡Ay!

MONSTRUOS PRIMITIVOS

Una sobrecogedora película sobre los seres aterradores que poblaban los océanos cuando los dinosaurios dominaban la Tierra.

PROTAGONIZADA POR...

ELASMOSAURIO

Tiene un cuello larguísimo y unos dientes muy afilados con los que caza sin piedad.

MEGALODÓN

Un escualo descomunal, tres veces más grande que un tiburón blanco

BELEMNITES

PLACODONTES

¡Ojo con estas tortugas gigantes! Se alimentan de moluscos y los abren a mordiscos.

Cangrejos curiosos

Hoy en día, existen unas 4.000 especies de **cangrejos** en los mares y las playas de todo el mundo. En estas páginas, vamos a conocer unos cuantos muy peculiares.

El **cangrejo boxeador** sostiene anémonas marinas con las pinzas para asustar a sus depredadores.

El **cangrejo de caramelo** llama la atención por los vivos colores de su cuerpo. Rompe trocitos de coral y se los pega al cuerpo para camuflarse.

El **cangrejo fantasma** es de color claro y vive en la arena de las playas. Sale a buscar comida de noche.

¡Buuuu!

El **cangrejo guisante** es diminuto. Aquí lo ves a tamaño real.

El **cangrejo yeti** vive en aguas muy profundas y tiene las pinzas largas y peludas.

Entre estos pelitos se crían bacterias que me sirven de alimento.

Si tu casa me gusta más que la mía...

El **cangrejo ermitaño** no es como las demás especies de este animal, que cuentan con un caparazón duro, así que busca caracolas vacías donde vivir. Pero ¿qué pasa cuando hay menos caracolas que cangrejos?

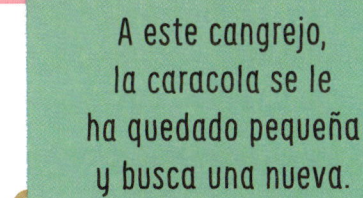

A este cangrejo, la caracola se le ha quedado pequeña y busca una nueva.

¡Aquí ya no quepo!

¡Ha encontrado otra que le va perfecta!

¡Me encanta!

Le da unos toquecitos para ver si hay alguien dentro.

TOC TOC

¡Está ocupada!

¿Qué desea?

Al recién llegado no le importa, saca al dueño de su caracola...

¡Oiga!

¡y se la queda!

Pues nada, me toca buscar otra nueva.

¿Qué pasaba si una mujer quería ser marinera?

Hasta hace poco más de un siglo, las mujeres que querían trabajar en el mar tenían que disfrazarse de hombres. Vamos a conocer a algunas de aquellas valientes.

Mary Lacy
Años embarcada: 1759-1772
Logro: Primera mujer en ser carpintera naval y recibir una pensión del estado

Me escapé de casa y me alisté en la armada con solo 19 años. Viví 13 años disfrazada de hombre. A pesar de confesar todo y renunciar a mi puesto, la armada me dio un sueldo de por vida.

Fue un orgullo servir en la marina británica guardando mi secreto durante 11 años. No existen imágenes de mí y aún hoy en día se desconoce mi identidad.

William Brown (nombre real desconocido)
Años embarcada: 1804-1815
Logro: Primera mujer negra en servir en la marina británica

Mi amiga Mary y yo éramos dos piratas muy temidas que navegábamos con Calico Jack.

Solo se supo quiénes éramos cuando capturaron nuestro barco y nos encarcelaron.

Anne Bonny y Mary Read

Años embarcadas:
1715-1720
Logro: Únicas mujeres piratas que se conocen

Jeanne Baret

Años embarcada:
1766-1769
Logro: Primera mujer en dar la vuelta al mundo a vela

Disfrazada de ayudante masculino, me colé a bordo de una expedición científica francesa que recogía plantas de todo el planeta.

Estas solo son las que conocemos. Seguro que hubo muchísimas más de las que nunca se supo nada.

Qué valientes eran, ¿no?

Aves marinas... con superpoderes

En los mares y océanos, así como en sus orillas, viven unos 350 tipos distintos de **aves marinas**, que son capaces de hacer cosas increíbles.

La **fragata** puede pasar dos meses sin posarse. Si quiere dormir, cierra los ojos durante 10 segundos. Llega a sumar 45 minutos de sueño al día sin dejar de volar en ningún momento.

¡La mitad de mi cerebro sigue despierto!

zzzzzz

zzzzzz

El plumaje de casi todas las aves marinas está bien recubierto de un **aceite impermeabilizante** que evita que se mojen cuando se zambullen para pescar.

Como el **cormorán** no tiene ese aceite, necesita extender las alas para secarse.

Los **pingüinos** pasan hasta tres cuartas partes de su vida en el mar. Bucean a más profundidad y nadan más rápido que ninguna otra ave.

¡FIUUUUU!

El **pingüino emperador** se sumerge hasta alcanzar 550 m de profundidad.

El **pingüino papúa** es capaz de nadar a una velocidad de 35 km por hora.

Los ojos de todas las especies tienen un aceite rojizo que hace las veces de **gafas de sol**, porque les protege la vista del reflejo de la luz en el agua y la arena.

¡FISSS!

Estas aves **beben agua salada**. Para eliminar la sal, que es tóxica para ellas, la expulsan por la nariz.

El **albatros de cabeza gris** es capaz de dar la vuelta al mundo volando en tan solo 46 días. Para descansar, se posa en el agua.

El **albatros viajero** llega a pasar cuatro años en el mar sin posarse en tierra firme.

El albatros es el ave más longeva, ya que puede vivir más de **70 años**.

¡Yo tengo 71 años y sigo criando!

21

Turismo bajo el mar

¿Sabías que existen los bosques submarinos? También hay cascadas, ríos y hasta volcanes. Quizás pensaras que solo existían en tierra firme, pero también los hay en mares y océanos. Exploremos unos cuantos.

BOSQUES
FRONDOSOS

En los océanos existen cientos de bosques. La diferencia es que, en lugar de árboles, hay tallos larguísimos de kelp, un tipo de alga marina, que sirve de hogar y da cobijo a muchos animales.

Los bosques de kelp son igual de importantes que las selvas tropicales, porque ofrecen refugio y alimento a miles de especies de animales.

RÍOS
BRAVOS

Algunos de los ríos más largos y rápidos del mundo se encuentran en el fondo marino y son de un fango denso.

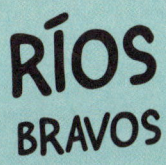

LA MAYOR
CASCADA
DEL MUNDO

Esta catarata, que está situada entre Islandia y Groenlandia, es tres veces más alta que la de mayor altura en tierra firme.

Es una corriente de agua fría que cae siguiendo un desnivel que hay en el lecho marino.

VOLCANES
SUBMARINOS

Seguramente, hay millones de **volcanes** submarinos en las profundidades del océano, con grietas por las que brota magma del subsuelo.

¿Qué hay para cenar? ¡Iceberg!

En las costas de la Antártida, a veces se desprenden témpanos gigantescos de hielo, llamados **icebergs**, que se alejan flotando por las gélidas aguas del océano Antártico. Los suelen seguir multitud de animales hambrientos.

Un iceberg está formado por numerosas capas de nieve y hielo que se han ido compactando durante milenios.

Entre la nieve y el hielo, hay atrapados restos diminutos de barro y roca, así como burbujas de aire.

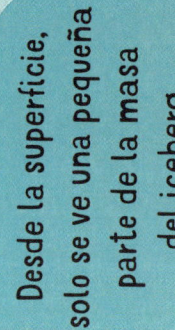

Desde la superficie, solo se ve una pequeña parte de la masa del iceberg.

5

Las **focas** acuden para alimentarse de peces y aves marinas.

¡SSSSSZ!

4

Los **pingüinos** y otras **aves marinas** atrapan los peces y el kril.

3

Los **peces** acuden entonces a comer esos animalitos.

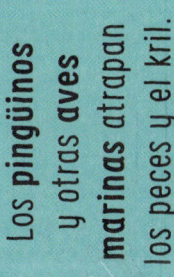

1

Al derretirse el hielo, caen al agua los restos de barro, roca y aire. Allí, sirven de alimento a unos seres diminutos llamados **fitoplancton**.

2

Otros animalitos, como el **kril** y los **gusanos de mar**, se acercan a comer el fitoplancton.

¿Salimos a comer?

Los **tiburones blancos** suelen vivir y cazar cerca de la costa, pero también les gusta pasar temporadas en un lugar muy concreto que está en mitad del océano Pacífico.

Es una zona donde abundan los calamares y los peces, que son parte de la dieta de los tiburones. Van tantos escualos, que el lugar se conoce como el **"Café del Tiburón Blanco"**.

Este pescado está delicioso.

¡Pues el calamar, no veas!

En invierno, tiburones de la costa del Pacífico de América del Norte viajan durante unos 100 días para llegar a este lugar.

Mmmm

¡Vaya, pues sí que se tarda en llegar!

Menú del día

En verano, los tiburones encuentran su presa favorita, el **elefante marino**, cerca de la costa, pero al llegar el invierno, este animal no suele pasar tiempo en el mar, así que los tiburones tienen que desplazarse a otros lugares, aunque estén lejos, para alimentarse.

Bienvenidos a Octópolis

Aquí es donde los **pulpos** se reúnen para alimentarse, buscar compañía y construir su propia casa. En este lugar encuentran todo lo que necesitan, pero la vida en la gran ciudad no siempre es fácil...

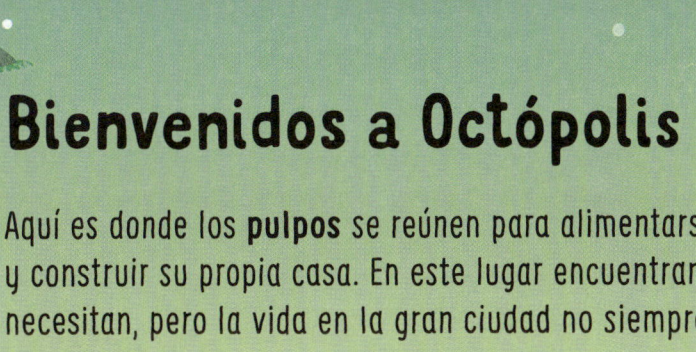

Aunque el pulpo suele ser un animal solitario, en Jervis Bay, cerca de la costa australiana, se halló un grupo de más de 15 ejemplares que vivían juntos.

El sitio se llamó Octópolis, porque se lo imaginaron como una ciudad submarina.

Los pulpos camuflan sus guaridas con caparazones de moluscos.

¡Fuera!

Se pelean por las mejores guaridas y expulsan a los intrusos.

Propiedad privada

¡Aquí vivo yo!

¡No, yo!

Nos hemos mudado todos aquí porque abundan las almejas, que nos encantan.

En la Luna hay muchos mares

Los hay, aunque no del tipo que te imaginas.
En realidad, en la Luna apenas hay agua.

¿Te has fijado en que la Luna
está cubierta de manchas oscuras?
Antes de que se pudieran observar con
telescopios, se creía que esas manchas
eran grandes extensiones de agua,
así que se las llamó **mares**.

> Hay 20 mares
> y un océano
> enorme.

Hoy en día, conservan
el nombre que se les dio en
su momento, aunque se sabe que
no son mares, sino cráteres gigantes
causados por el impacto de asteroides
hace millones de años.

> ¡Vaya! Y yo
> que venía a darme
> un baño...

> ¡Probemos en la luna
> de otro planeta! Hay muchos
> otros que tienen.

En otras lunas, hay océanos

Júpiter y Saturno son dos planetas con lunas. **Europa** y **Ganímedes**, dos lunas de Júpiter, y **Encélado**, una luna de Saturno, tienen océanos de mayor extensión que los terrestres, aunque están cubiertos de una gruesa capa de hielo.

Este sería el aspecto que tendría Ganímedes si le quitásemos el hielo que la recubre.

CAPA DE HIELO

En estas lunas, a veces se observan chorros enormes de agua que salen expulsados a través del hielo.

¡CHOOOF!

Es muy posible que haya muchos más planetas y lunas con océanos aún por descubrir.

La vida pirata

Seguro que imaginas que los **piratas** vivían sin normas de ningún tipo, pero te equivocas. Casi todos los capitanes gobernaban a sus tripulaciones con mano de hierro.

LIMPIAR LA CUBIERTA

Los piratas dedicaban la mayor parte del tiempo a fregar las cubiertas y el resto del barco.

¡Todo tiene que estar impecable!

¡Si no, la suciedad y las enfermedades acabarán con todos!

VALOR EN COMBATE

En las batallas, todos los piratas debían luchar. Desertar estaba muy mal visto.

¡Somos un equipo y luchamos juntos!

NADA DE PELEAS A BORDO

Estaba **prohibido** pelearse a bordo del barco.

¡Ha empezado él!

¡Ha sido él!

EL BOTÍN SE REPARTE

Todo el botín que se obtenía se dividía a partes iguales. Eso sí, el capitán se llevaba el doble.

¡Pero eso no es justo!

¡Si protestáis, os castigo!

NO SE ROBA A LOS COMPAÑEROS

¡Me ha robado el oro!

¡Eso no se puede hacer!

A DORMIR A LAS OCHO

A las ocho en punto, se apagaban todos los faroles y las velas y se hacía el silencio a bordo.

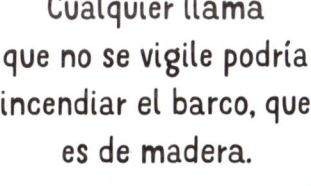

Cualquier llama que no se vigile podría incendiar el barco, que es de madera.

El castigo más común consistía en abandonar a su suerte al pirata infractor en una isla desierta.

¡No os vayáis!

Un desierto que era un mar

El **desierto del Sáhara**, en el norte de África, es el desierto de arena más grande del mundo. Sin embargo, si te fijases bien en la arena, podrías encontrar restos de vida marina.

Hace 100 millones de años, este desierto era el fondo de un mar de aguas someras al que actualmente llamamos la **vía marítima transahariana**. Estaba habitado por algunos de los mayores animales marinos que han existido jamás.

COCODRILO DE HOCICO LARGO
Vivía en la orilla.

SILURO

PICNODONTE
¡Un pez enorme!

SERPIENTE MARINA
Era más larga que dos camiones.

MEJILLÓN

¿Y por qué ahora es un desierto?

Al pasar a tener un clima mucho más caluroso, los mares del norte de África se secaron, las plantas murieron y la tierra acabó por convertirse en arena.

¡Y un mar que era tierra!

En el centro del **mar del Norte**, entre
Gran Bretaña y la península escandinava,
se han hallado herramientas antiguas,
restos de plantas y huesos,
lo que indica que esta zona
no siempre estuvo
bajo las aguas.

PENÍNSULA ESCANDINAVA

MAR DEL NORTE

GRAN BRETAÑA →

Hace 10.000 años, esta región, que hoy en día
se conoce como **Doggerland**, estaba cubierta
de praderas, bosques y zonas pantanosas.

Había manadas de hienas
y leones cavernarios.

Los humanos, armados con lanzas con punta
de piedra, cazaban ciervos y mamuts.

Hace unos 8.000 años,
tras un gran deshielo y
unos movimientos de tierra
submarinos, se formó una ola
gigante que inundó Doggerland.
Esta región lleva sumergida
desde entonces.

Los animales más grandes del mundo...

¡viven en el océano, efectivamente! Sigue leyendo si quieres saber el tamaño que tienen algunos de los gigantes de los mares.

BALLENA AZUL ANTÁRTICA

Estos son los animales más grandes que han vivido jamás, mucho mayores que el más grande de los dinosaurios.

Longitud

33,5 m – El equivalente a tres autobuses

Lengua

Pesa lo mismo que un elefante.

Corazón

Tiene el tamaño de un coche. Su latido se oye a más de 3 km de distancia.

MEDUSA MELENA DE LEÓN

Sus tentáculos pueden llegar a ser más largos que una ballena azul.

PULPO GIGANTE DEL PACÍFICO

Este octópodo puede medir más de 9 m. Con los tentáculos extendidos, tiene la anchura de una pista de tenis.

ESPONJA DE MAR

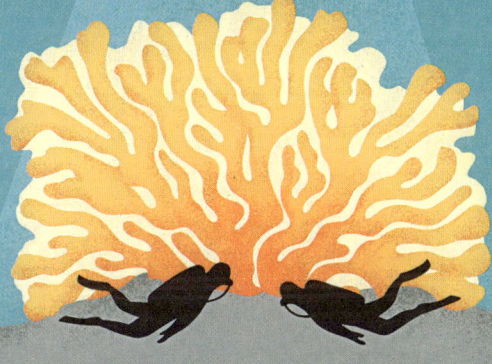

Esponja más grande jamás hallada al lado de dos buceadores

CANGREJO ARAÑA JAPONÉS

El caparazón de este animal no aumenta de tamaño con la edad, pero sí la longitud de las patas. De punta a punta, llegan a superar los 3,5 m.

CALAMAR GIGANTE

Vive en aguas muy profundas y tiene los ojos como platos.

¡LITERALMENTE! ¿Por qué razón hay animales tan grandes en el mar?

Alcanzan un tamaño mucho mayor en el mar que en tierra firme porque el agua los ayuda a sostener el peso de su cuerpo. Fuera del agua, ese mismo peso los aplastaría.

Superbuques de carga

Muchos de los objetos que utilizas en tu día a día han llegado hasta ti en barco. Los **buques portacontenedores** tienen un tamaño descomunal y transportan todo tipo de productos desde donde se fabrican hasta donde se venden.

Unas grúas gigantes cargan más de 24.000 contenedores de acero en este buque.

Ahora mismo, puede que haya unos 5.000 buques como este navegando por el mundo.

Otros gigantes...

Existen **cruceros** enormes que se usan como lugares de ocio y medio de transporte para visitar distintos lugares del mundo. El más grande tiene capacidad para 7.000 pasajeros y una tripulación de más de 2.000 personas.

Los **portaaviones** transportan aviones militares. Los de mayor tamaño tienen capacidad para 75 aeronaves y más de 4.500 personas.

Los **rompehielos** atraviesan mares gélidos cuyas aguas están cubiertas de hielo.

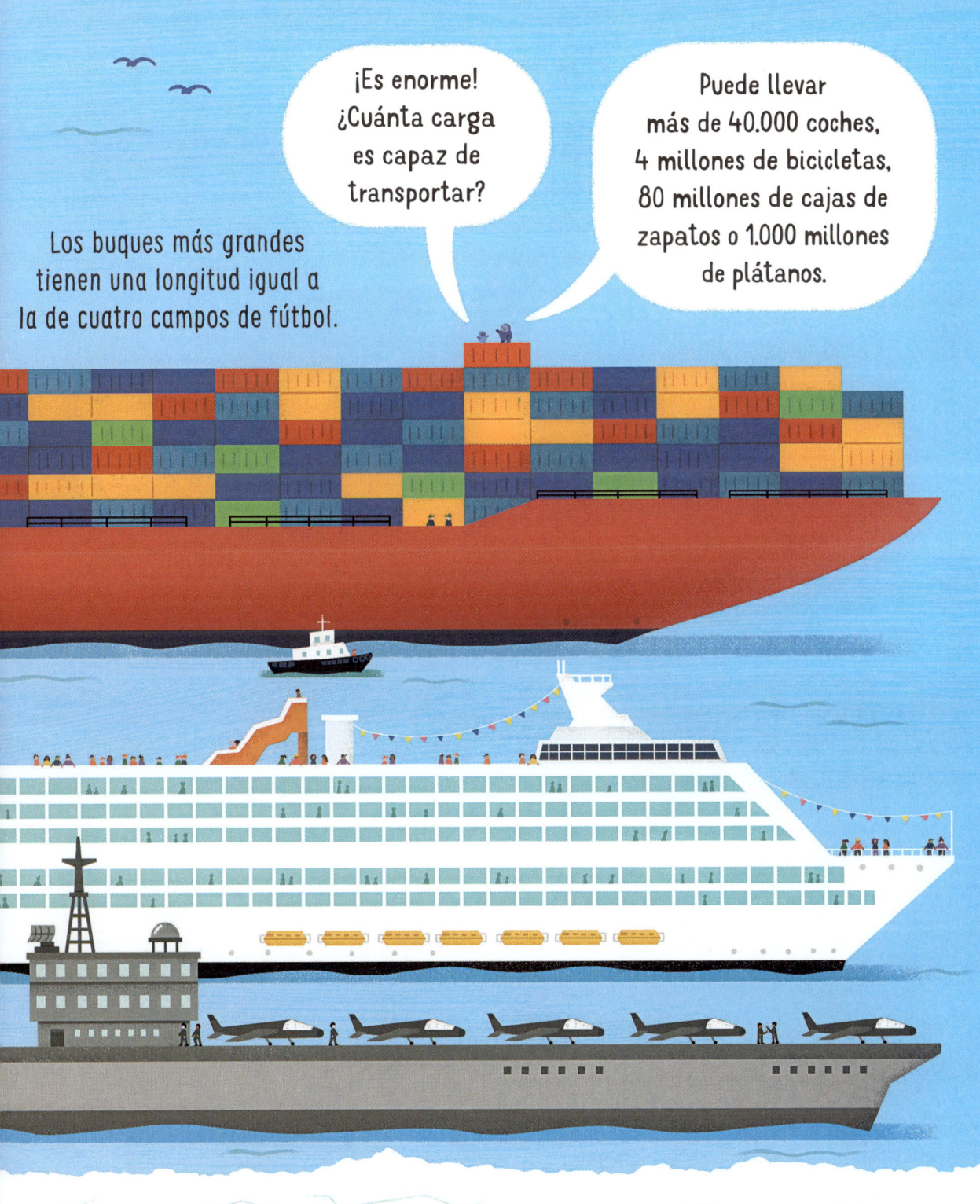

Los buques más grandes tienen una longitud igual a la de cuatro campos de fútbol.

¡Es enorme! ¿Cuánta carga es capaz de transportar?

Puede llevar más de 40.000 coches, 4 millones de bicicletas, 80 millones de cajas de zapatos o 1.000 millones de plátanos.

Se construyen con un casco de acero reforzado capaz de atravesar capas de hielo de más de 3 m de espesor.

Maestros del disfraz

Algunos animales marinos tienen la extraordinaria capacidad de hacerse pasar por otras cosas o camuflarse para pasar desapercibidos.

SEPIA COMÚN

ESPECIALIDAD: Cambia el color de la piel para camuflarse entre corales, piedras, arena o cualquier otra cosa.

NOTAS: Segrega unas sustancias químicas que le cambian la textura y el color de la piel. Así, se mimetiza con su entorno y "desaparece" en cuestión de segundos.

Ahora me ves...

¡Ahora no me ves!

PEJESAPO RAYADO

ESPECIALIDAD: Simula ser un alga.

NOTAS: Estos animales se camuflan perfectamente entre las algas marinas, que les sirven de hogar y refugio.

DRAGÓN DE MAR FOLIADO

PULPO DE COCO

ESPECIALIDAD: Lleva a cuestas su escondite, que es un coco vacío.

NOTAS: Cuando no quiere que lo vean, se mete dentro del coco que acarrea y desaparece en un abrir y cerrar de ojos.

No me has visto, ¿vale?

ALTO SECRETO

PULPO MIMÉTICO

ESPECIALIDAD: Finge ser un animal venenoso.

NOTAS: Este avispado pulpo es capaz de imitar la forma de ciertos animales venenosos para que los depredadores no se acerquen a él.

Aspecto normal:

Imitando la serpiente **krait de mar**

Imitando un **pez escorpión**

Imitando un pez llamado **lenguado tigre**

¡Las imitaciones le sirven de protección para que nadie se lo coma!

La lima era el secreto de la salud de los marinos

Antiguamente, los marinos pasaban meses e incluso años en alta mar. Como no podían almacenar alimentos frescos, su dieta era muy poco saludable. Esto es lo que solían comer:

Hola, somos gorgojos, una especie de escarabajos que acabamos saliendo en las galletas. ¡Antes de comer una, los marinos le daban unos golpecitos para hacernos caer!

MENÚ

ENTRANTE

GALLETAS MARINERAS

Galletas secas y muy duras, hechas con harina, agua y sal

PRINCIPAL

TERNERA EN SALMUERA

Carne conservada en agua salada para que no se pudra

SIN VERDURA

POSTRE

QUESO SALADO

Queso duro cubierto de sal

BEBIDAS

ZUMO DE LIMA

La lima era la única fruta fresca que llevaban a bordo y lo único que evitaba que contrajeran una enfermedad mortal llamada escorbuto.

4,5 LITROS DE CERVEZA AGUADA

Los marineros bebían cerveza porque aguantaba más tiempo sin estropearse que el agua.

¿Qué provocaba el escorbuto?

La falta de vitamina C. La fruta y la verdura fresca, en especial los cítricos como la lima, contienen mucha vitamina C. El zumo de lima salvó muchas vidas en aquella época.

El mar y el RUIDO

¿Crees que el mar es un mundo silencioso y tranquilo? Pues te equivocas, porque en el mar el **ruido** es constante y algunos de sus habitantes emiten los sonidos más fuertes que se producen en el planeta Tierra.

Hay **peces** muy ruidosos. El **pez sapo de las ostras** parece gruñir.

El **chicharro ojón** rechina los dientes.

CRRRR

¡GRUM, GRUM!

El **camarón pistola** emite un chasquido tan fuerte con una de sus pinzas que aturde a sus presas.

¡CHAS!

El **erizo de mar** hace mucho ruido cuando rasca las rocas para obtener alimento.

¡POP!

RAS, RAS

El **caballito de mar** hace ruiditos frotando entre sí los huesos de la cabeza.

Las **ballenas** emiten los sonidos más potentes del océano con clics y silbidos que parecen cantos.

¡OOOOHHHOOOOO!

El canto del **rorcual común** se oye nada menos que a 6.000 km de distancia.

¡CUIIIC!

Los **delfines** usan la nariz para emitir clics y otros sonidos en el agua.

¡FIUUUUU!

¡CLIC, CLIC!

Los barcos y submarinos también producen ruidos muy fuertes de todo tipo.

¡BRMMMMM!

Emitimos esos sonidos para hablar entre nosotros y saber dónde estamos. Si el ruido de las embarcaciones es demasiado fuerte, acabamos perdiendo el contacto entre nosotros y nos desorientamos.

Los surfistas usan expresiones propias

Para muchas personas, el surf no es solamente una afición, sino un modo de vida. Los surfistas usan un **vocabulario específico**, a menudo sacado del **inglés**, que han ido adoptando para hablar entre sí. ¡Vamos a aprender unas cuantas palabras!

1 ¡Vaya, he encontrado un spot perfecto!

2 ¡AL AGUA! DEMUESTRA QUE NO ERES UN KOOK, ¿VALE?

3 ¡Te esperamos en el line-up!

4 ¿HAS VISTO ESE PEDAZO DE A-FRAME?

5 ¡Oye, kook, no te marques un drop-in!

1. Spot: sitio o lugar donde ir a practicar el surf.

2. Kook: novato, despistado y principiante. Todos los surfistas lo son en algún momento.

3. Line-up: zona donde se alinean los surfistas para esperar la siguiente ola.

4. A-frame: cuando el pico de una ola rompe a ambos lados con una forma perfecta.

5. Drop-in: cut-off o saltada, cuando un surfista va sobre la ola y otro se cruza en su camino.

6. **Tubo:** hueco que se crea al romper la ola, por donde surfea la gente de alto nivel.

7. **Wipeout:** caída de la tabla cuando se pierde el control.

8. **Goofy:** persona que surfea con el pie derecho delante y el izquierdo detrás (al revés que la mayoría).

9. **Soul arch:** arquear la espalda hacia atrás desafiando con el cuerpo a la ola.

10. **Pared:** la parte limpia de la ola, por la que se desliza la tabla.

11. **Neopreno:** traje ajustado que protege a los surfistas del frío.

Servicios profesionales en el mar

¿Sabías que algunos animales marinos trabajan para otros?

En los arrecifes de coral, las **gambas** y unos peces llamados **lábridos** ofrecen "servicios de limpieza" a tortugas, peces y otros animales al quitarles la suciedad y los parásitos del cuerpo.

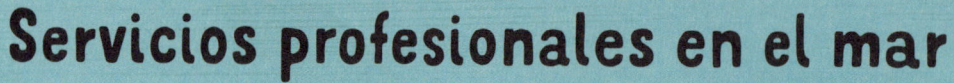

LIMPIADORES

LÁBRIDO

¡Qué rico!

GAMBA

Este servicio es ventajoso para todos. Los clientes están limpios y sanos, y los limpiadores obtienen alimento.

Todos esperamos nuestro turno.

El pez cirujano se vuelve de un azul más intenso cuando está sucio y así los lábridos saben que necesita una limpieza.

DENTISTAS

El **pez piloto** hace
las veces de dentista
y limpia los dientes de
otras criaturas marinas.

Se mete en la boca
de los tiburones y come
los restos de comida que
tienen entre los dientes.

¡Abre bien
la boca!

CAMAREROS

El **pez payaso** es la única especie
que puede nadar entre los tentáculos
urticantes de las **anémonas marinas**.

No nos pican porque
estamos protegidos
por una mucosa.

Los peces dejan caer restos de comida y residuos
que sirven de alimento a las anémonas marinas.

A cambio, las anémonas
protegen a los peces
de sus depredadores.

Mitología marina

Hace siglos, los marinos se adentraban en aguas desconocidas durante largas temporadas y acababan inventando historias o **mitos** para tratar de explicar las cosas que no comprendían.

Los navegantes noruegos creían que un **monstruo marino** llamado **kraken** podía arrastrar sus barcos al fondo del mar.

Es posible que vieran calamares gigantes, que son animales enormes, pero inofensivos.

Los marinos africanos creían en **Mami Wata**, un espíritu que curaba a los enfermos y ahogaba a quienes lo contrariaban.

En realidad, el reflejo de la luz del sol sobre el agua puede confundirte y hacerte ver cosas.

El **Holandés Errante** era un barco fantasma sin tripulación que aparecía cuando había tempestad. ¡Verlo significaba que el peligro acechaba!

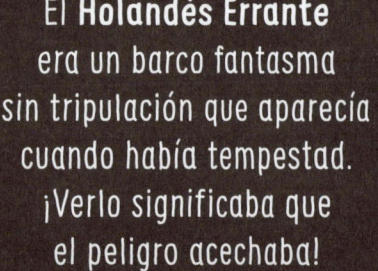

En Japón, los **umibōzu** eran bestias enormes que oscurecían el cielo y provocaban tempestades.

¡Seguramente, solo eran nubes de tormenta!

Los marinos de todo el mundo creían en la existencia de las **sirenas**, unos seres con cuerpo de mujer y cola de pez.

Para unos, ver una sirena daba buena suerte. Para otros, significaba ¡peligro de muerte!

¿Y qué veían en realidad?

Seguramente, animales marinos como la **manta raya** o el **manatí**, que suelen sacar la cabeza del agua.

MANTA

MANATÍ

Playas hechas por los peces

La **arena** suele formarse por la erosión del mar en rocas y caparazones de animales. Sin embargo, hay playas donde la arena tiene un origen muy distinto...

¡El origen es el **pez loro**! Estos peces se alimentan de las **algas** que viven dentro de los **corales**.

Como arrancan las algas con los dientes, acaban tragándose también trocitos de coral.

Si no fuera por nosotros, las algas crecerían sin parar hasta ahogar los corales y acabar con ellos.

¿Quieres ver más ejemplos de arena poco común?

En algunos lugares, la arena es **rosa** al estar formada por caparazones de unos seres diminutos llamados **foraminíferos**.

El pez acaba expulsando
los trocitos de coral
en los excrementos.

Las olas los depositan en las playas,
donde forman **arena blanca**.

Casi tres cuartas partes
de la arena de algunas playas
del Caribe y Hawái ha sido
creada por peces loro.

Con el tiempo, la roca se desmenuza
y llega a la costa en forma de **arena negra**.

Los **volcanes submarinos** expulsan
al mar roca líquida, que se vuelve
dura y de color **negro** al enfriarse.

La gran mancha de basura del Pacífico

En mitad del océano Pacífico hay enormes cantidades de **basura** y **residuos** que se acumulan y forman una especie de islas flotantes. Vamos a verlas de cerca...

CAJAS DE PLÁSTICO

REDES DE PESCA

Si se unieran todas las islas de basura que hay en el Pacífico, su superficie sería ¡tres veces más grande que Francia!

Buena parte de estos plásticos acaban por descomponerse en trocitos diminutos y formar los llamados **microplásticos**.

CUERDAS

ENVASES DE PLÁSTICO

BOLSAS

BOTELLAS

TOALLITAS

Esto es muy peligroso para los animales, que enfermamos o morimos al comer plástico.

¡Y nos quedamos atrapados en él!

¿Cómo la limpiamos?

En todo el mundo hay personas que colaboran para buscar formas de limpiar toda esa basura. Estas son algunas de las ideas que barajan:

Podríamos sacarla con redes enormes, pero harían falta cientos de barcos y cientos de años para limpiarla toda.

Se ha descubierto un tipo de hongo que se come el plástico y podría descomponer esa acumulación de basura.

Podríamos mezclar los residuos plásticos con el asfalto para hacer carreteras y carriles bici.

Cuanto más plástico recojamos de las playas, menos llegará al océano. ¡Y podemos reciclarlo!

¡La mejor idea de todas es dejar de usar tantísimo plástico!

La nieve marina...

Todo ser vivo que muere en el océano se descompone poco a poco en trocitos minúsculos. Como se quedan flotando en el agua, parecen **copos de nieve**.

La **nieve marina** está formada por esos restos de seres vivos, arena, roca y otras partículas que flotan en el agua.

A medida que cae, se agrupa en grandes copos que recuerdan a la nieve de verdad.

y los extraños seres que se la comen

La nieve marina acaba por depositarse en el fondo del océano, donde hay muchos animales de lo más curioso que se alimentan de ella.

PEPINOS DE MAR

¡Atrapamos los copos con los tentáculos!

¡ÑAM!

PEZ BRUJA

55

El árbol de agua salada

En algunas costas tropicales hay **manglares**, grandes extensiones de unos árboles muy especiales con unas raíces larguísimas que se sumergen en el agua salada. Un árbol normal no sobreviviría en esas condiciones, pero el **mangle** sí.

Los mangles absorben el agua de mar por medio de sus raíces, la filtran y expulsan la sal por unas glándulas que tienen en las hojas.

GARZA

ESPÁTULA ROSADA

IBIS ESCARLATA

CANGREJO

ÁGUILA

GARCETA

Si absorbe demasiada sal, el árbol muere.

Los cristales de sal de las hojas brillan como diamantes.

Energía para el mundo entero

Es posible convertir en **electricidad** la energía de las olas, de las mareas, del viento y hasta de la luz solar sobre el agua. Continúa leyendo para saber cómo.

PANELES SOLARES FLOTANTES

En el océano hay espacio de sobra y no hay nada que cree sombra. Mediante la instalación de sistemas enormes de **paneles solares flotantes** se aprovecha la luz del sol, que se convierte así en energía.

La energía llega a tierra por unos cables submarinos.

PARQUES EÓLICOS MARINOS

Los fuertes vientos del mar se aprovechan para hacer girar las aspas de molinos llamados **aerogeneradores**, con los que se produce electricidad.

ENERGÍA MAREOMOTRIZ

Las **mareas** son las subidas y bajadas del nivel del mar por efecto de la gravedad del sol y la luna. Su fuerza se aprovecha para mover turbinas submarinas que generan electricidad.

ENERGÍA UNDIMOTRIZ

La energía undimotriz hace uso de la tremenda fuerza de las olas que rompen contra las costas. Mueven unas boyas que generan electricidad por medio de unas bombas submarinas.

El océano sería una fuente inagotable de energía, ¿no?

¡Sí! De hecho, podría proporcionar TODA la electricidad que necesita el mundo, aunque las máquinas para obtenerla serían muy caras y hay quien opina que podrían perjudicar la vida **marina**.

¡Buenas noches!

¿Los peces y otros animales marinos duermen?

¡Sí! Todos los animales marinos necesitan dormir para estar sanos, pero no duermen como nosotros.

En lugar de cerrar los ojos, hay **peces**, incluidos los **tiburones**, que ralentizan su ritmo cardiaco sin dejar de nadar.

Algunos se meten entre piedras o corales.

Otros se entierran en la arena del fondo.

El **pez loro** se rodea de una burbuja de saliva que lo hace indetectable.

¿Los peces duermen de noche o de día?

Algunos lo hacen de noche y otros, de día. Lo que todos tienen en común es que no duermen mucho rato seguido.

Las **anémonas marinas** recogen los tentáculos.

Los **delfines** duermen con un ojo abierto, por si hay peligro.

Dormido por aquí...

¡despierto por acá!

Cuando duermen, los **cangrejos** pliegan las patas y se cubren los ojos con las pinzas.

¡ZZZZZZ!

¡ZZZZZ!

Las **almejas** se cierran.

Los **pulpos** solo duermen un par de horas, pero... **¡sueñan!**

Al soñar, hacemos pequeños movimientos involuntarios y hasta cambiamos de color.

Glosario

alga — Ser vivo parecido a las plantas que vive en los mares. Algunas habitan en el interior de ciertos corales.

bioluminiscencia — Propiedad que tienen algunos seres vivos de emitir luz propia.

buque portacontenedores — Buque de gran tamaño que se usa para transportar mercancías en contenedores de acero.

camuflaje — Capacidad que tienen algunos animales para confundirse con su entorno.

cangrejo ermitaño — Cangrejo de cuerpo blando que se resguarda en caracolas vacías, que cambia a medida que crece.

coral — Animal minúsculo con esqueleto externo duro que se adhiere a las rocas y forma grupos llamados arrecifes.

depredador — Animal que caza otros para alimentarse.

escorbuto — Enfermedad provocada por la falta de vitamina C que solían contraer antiguamente los marinos por no comer frutas y verduras frescas.

fósil viviente — Ser vivo cuyo aspecto no ha cambiado en millones de años.

iceberg — Bloque enorme de hielo flotante, bastante común en los océanos muy fríos.

kelp — Tipo de alga marina que forma auténticos bosques submarinos.

lecho marino — Nombre que recibe el suelo o fondo de mares y océanos.

manglar — Bosque de mangle, un tipo de árbol que crece en latitudes tropicales con las raíces sumergidas en agua.

microplástico — Trozo diminuto de plástico que hay en el mar y procede de la descomposición de botellas, bolsas y otros residuos plásticos.

nieve marina — Restos minúsculos de seres vivos, arena y roca que caen hacia el lecho marino.

pez borrón — Pez de las profundidades marinas que se deforma cuando lo sacan a la superficie.

plancton — Conjunto de organismos animales y vegetales microscópicos que viven en el océano y se dejan llevar arrastrados por las corrientes.

presión — En el mar, fuerza que ejerce el agua sobre cualquier cosa que esté sumergida en ella. Cuanto mayor es la profundidad, mayor es la presión.

tentáculo — Especie de patas o brazos finos y largos que tienen algunos animales, como los pulpos, y que les sirven para desplazarse y agarrar cosas.

Índice

Redactora de la colección: Ruth Brocklehurst

Diseñadora de la colección: Helen Lee